AF240098

MGR LANDRIEUX

ÉVÊQUE DE DIJON

LA PAROISSE CANADIENNE

dans la province de Québec

LETTRE PASTORALE 1922

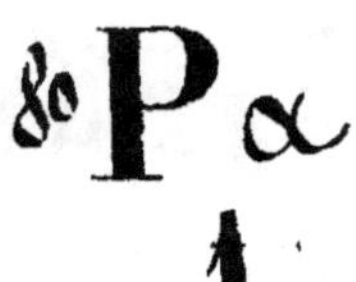

OUVRAGE DU MÊME AUTEUR

Aux pays du Christ, *Egypte, Palestine* (7e édition, 17e mille), 1 vol. in 4o illustré, Bonne presse, Paris. **20 fr.**
  (*Ouvrage couronné par l'Académie Française*).

Une Petite Sœur (8e édition, 30e mille), 1 vol. in-12 Bonne Presse, Paris. **4 fr.**
  (*Ouvrage couronné par l'Académie Française*).
  Traduit en anglais, allemand, italien, espagnol.

La Cathédrale de Reims. *Un crime allemand*, 1 vol. in-4o illustré, Laurens, Paris. **15 fr.**
  (*Ouvrage couronné par l'Académie Française*).
  Traduit en anglais : Kegan and Co, Londres. — E. Dutton and Co, New-York. **21 sh.**

Courtes gloses sur les Evangiles du Dimanche (6e édition), 1 vol. in-8o écu, Beauchêne, Paris. **8 fr.**
  Traduit en italien : Societa editrice « *vita e pensiero* », Milan **12 l.**

Le Divin Méconnu. *Les dons du Saint-Esprit*, 1 vol. in-12, Beauchêne, Paris. **5 fr.**
  Traduit en anglais, Burns et Ouates, Londres.

De la Trinité à l'Eucharistie (2e édition), 1 vol. in-16, Lethielleux, Paris. **2 50**
  Traduit en anglais : Kegan and Co, Londres.

L'Histoire et les histoires dans l'Eglise. — Pharisiens d'autrefois et Pharisiens d'aujourd'hui, 1 vol. in-16 carré, Lethielleux. **2 50**

L'Eglise et les églises dans l'Histoire. 1 vol. in-16 Lethielleux. **1 20**

L'Islam. *Les Trompe-l'œil de l'Islam*, 1 vol. in-16 Lethielleux. **2 50**

L'Inquisition. *Les temps, les causes et les faits*, 1 vol. in-16, Lethielleux. **1 20**
  Traduit en italien : Société éditrice internationale, Turin (6e mille).

Autour de la Foi, 1 vol. in-12, Lethielleux (2e édition). **2 50**

Quelques prônes de guerre (5e mille), 1. vol in-12, Bonne Presse **1 20**

Nouveaux prônes de guerre, 1 vol. in-12, Bloud et Gay. **2 fr.**

Jésus dans l'Evangile, 1 vol. in-12 (330 pages). Notre-Dame du Roc, Marseille. **6 fr.**
  Edition de propagande, 1 vol. in-16 (30e mille). **2 50**
  Traduit en italien, anglais, espagnol.

La Paroisse (Lettre de S. S. Benoît XV) 1 vol. in-16. N.-D. du Roc, Marseille **1 25**

Sur les pas de Saint-Jean-de-la-Croix, 1 vol. in-16, carré. Lethielleux, Paris **7 fr**

La Leçon du passé. Nos congrégations, nos écoles. 1 vol. in-12. Edit. Spes. Paris. **6 fr**

LA PAROISSE CANADIENNE

dans la province de Québec

Mes-Frères,

Puisque nous nous rendons compte aujourd'hui du mal que le faux principe d'individualisme, introduit dans nos lois et dans nos mœurs par la Révolution, a fait à l'Eglise, en désagrégeant la communauté paroissiale comme il a désagrégé le foyer domestique et l'organisme social tout entier, c'est sagesse et bon sens, si nous voulons récupérer nos forces, de travailler à refaire ce qui a été défait, pour reconstituer et consolider nos cadres. C'est donc par la réorganisation de la communauté paroissiale qu'il faut commencer; car la paroisse est la base canonique, le terrain normal de l'action catholique.

A plusieurs reprises, j'ai insisté sur cette idée en vous pressant d'orienter vos efforts en ce sens (1).

J'ai eu la consolation d'y être encouragé par Sa Sainteté Benoît XV. De vive voix d'abord, en diverses audiences, il m'a répété qu'il avait toujours eu cette préoccupation de la paroisse et, dans sa Lettre du 17 avril 1917, il déclare que cette question, à ses yeux, « *est de première importance, et qu'après tant et de si lamentables bouleversements, il n'y a qu'une voie de prospérité pour l'Eglise de France, c'est de revenir au point d'où l'on est parti pour rendre aux paroisses leur constitution normale, leur force première et leur organisation d'autrefois* » (2).

D'autre part, les échos qui me reviennent attestent que ce souci de la paroisse prend consistance et qu'on s'en préoccupe.

Et voilà que la Providence m'a ménagé un voyage au Canada pour me faire toucher du doigt, sur les rives du Saint-Laurent, en pleine sève, intacte et féconde, l'insti-

---

(1) *La Paroisse* (4 Pastorales) 1 vol. in-16. Edit. Publiroc. Marseille. 1 fr. 75.
(1) Cf. *Acta Apost. Sedis,* 1er mai 1917.

tution paroissiale que nous voudrions voir revivre de ce côté de l'océan.

La communauté paroissiale, là-bas, ce n'est pas un mot, une manière de dire, c'est une réalité de premier plan qui englobe tout; c'est l'armature de la société canadienne, surtout dans les campagnes; elle en est l'élément principal et carctéristique; elle lui donne son nom : on ne dit pas, comme chez nous, le village, la commune, on dit *la paroisse*, parce que c'est la paroisse qui a fait le village, qui donne sa cohésion à la commune et qui en est l'âme.

J'ai donc pensé qu'il y avait là une occasion de revenir, sans me répéter, sur un sujet dont nous avions exploré, depuis quatre ans, les divers aspects; et que je ne pourrais rien faire de mieux, cette année, que de vous mettre sous les yeux, comme en un tableau vivant, *la paroisse Canadienne.*

Il est bien évident qu'une étude de cette nature exigeait une documentation abondante et précise, impossible à recueillir au cours d'une expédition rapide comme le fut celle de la Mission française. J'ai donc dû y suppléer, depuis, par une enquête sérieuse, à laquelle se sont prêtés très aimablement les évêques de la province de Québec, des religieux, des curés, des laïques, en répondant à mes questions et en me signalant les ouvrages qu'il importait de consulter.

*
* *

Je ne m'attarderai pas à résumer ici l'histoire du Canada et à vous redire comment Jacques Cartier, sous François Ier, découvrit le Saint-Laurent; de quel esprit d'apostolat lui-même, et le roi, et plus tard Champlain, le fondateur de Québec, étaient animés; au prix de quels sacrifices, les Récollets, les Jésuites, les Sulpiciens établirent les premières paroisses, arrosées plus d'une fois du sang des martyrs; avec quel soin on veilla sur le recrutement de la colonie en écartant les protestants (1) et les indésirables, en n'admettant que des émigrants « de bonne souche, de mœurs honnêtes et de pratiques catho-

---

(1) On pouvait craindre de les voir pactiser avec les colonnies anglaises peuplées de protestants. En 1686, il n'y avait pas un hérítique au Canada , en 1741, il y en avait 9 ; en 1750, 12. (Cf. Garneau, *Histoire du Canada*, t. I., p. 108, 390).

liques » ; au milieu de quelles difficultés nos paysans normands, bretons, vendéens, tourangeaux, poitevins, basques, se sont attaqués à la forêt vierge, pour « faire de la terre », comme ils disaient, et se tailler un domaine ; leurs luttes contre les rudes hivers, les incursions des Iroquois et l'hostilité des colonies voisines, hollandaises et britanniques ; ce qu'ils ont supporté pour tenir quand même, mal soutenus par la métropole trop lointaine que d'autres soucis, d'autres difficultés absorbaient ; dans quelles conditions ils ont résisté, pendant la guerre de sept ans, avec Montcalm, avec Lévis, aux assauts de l'Angleterre ; comment, après de superbes victoires, ils ont succombé, écrasés sous le nombre, un contre dix, en 1759 et en 1760 ; comment enfin le Traité de Paris, en 1763, les abandonna à l'Angleterre.

Aujourd'hui, la perte du Canada est pour nous un deuil, un remords ; en ce temps-là, la France oublieuse et légère, écoutait Voltaire qui faisait bon marché « de ces quelques arpents de neige, en Canada ». On ne savait pas ce que l'on perdait.

Il y avait déjà, à l'époque, une église organisée avec 82 district paroissiaux ; mais on peut dire que c'est au lendemain de la catastrophe que la paroisse canadienne a pris son importance.

Dans l'universel désarroi, elle fut l'arche du salut ; elle a sauvé la race, la langue, avec la foi.

La guerre et deux années et demie d'occupation laissaient la colonie dans un état lamentable : d'immenses régions dévastées, des fermes brûlées par centaines, la ville de Québec à peu près anéantie sous le bombardement, les habitants ruinés.

Et ces malheureux dans leur détresse, se voient tout à coup privés de leurs appuis naturels : les nobles, les notables, les fonctionnaires, les magistrats, les plus riches et les plus éclairés, tous ceux qu'on appelait les Autorités sociales, leurs chefs, leurs guides, optent pour la France et repassent l'Océan. Mais l'Eglise leur reste, il leur reste leurs prêtres ; car, dans la tourmente, aux mauvais jours, les pasteurs n'abandonnent pas les bercails.

L'Angleterre, au lieu d'atténuer la misère de ce pauvre peuple, lui impose la loi martiale et le traite durement.

Alors ces paysans, délaissés par la France et malmenés par les Anglais dont ils ne comprennent pas la langue, se retirent à l'écart sur leurs terres ; ils tendent la main à leurs curés qui partagent leur infortune ; ils se groupent

autour de leurs églises, se remettent au travail et se tirent
d'affaire entre eux.

Sous l'impulsion et la direction d'admirables évêques,
Mgr Briand et, plus tard, Mgr Plessis, la paroisse redevient
plus que jamais le centre et le foyer de la vie chrétienne
et de la vie sociale ; c'est la famille agrandie ; le curé en
est le père ; il est l'âme, le moteur de la petite chrétienté ;
il a la confiance universelle : on ne prend aucune décision
importante sans le consulter. Il se prête à tout ; il fait
fonction de notaire, de juge de paix, de maître d'école :
on s'en rapporte à lui pour toutes les questions délicates
de ventes, de testaments : il règle les différends ; il fait la
classe aux petits enfants après le catechisme et, quand
des difficultés surgirent pour l'enseignement officiel de la
langue nationale, il les prend un par un, en secret, comme
on le faisait hier en Alsace sous le joug Allemand, et « le
parler français » passe quand même à travers les mailles
de la loi ; il s'entremet dans les marchés pour faciliter
les achats en commun ; il guide les défricheurs dans leurs
exploitations, etc.

Il ne fait qu'un avec son monde ; les cœurs sont pris et
les âmes s'ouvrent plus larges à son enseignement ; la foi
plus vive développe l'esprit de corps et resserre de plus
en plus le lien de la discipline paroissiale. On s'entr'aide
volontiers. Loin des centres, aux prises chaque jour avec
la difficulté, exposés aux mêmes dangers, dans la même
tribulation, on se sent solidaires les uns des autres pour
la défensive et pour l'action ; et c'est ainsi que la communauté paroissiale, cimentée dans le malheur, a pu résister
à tous les assauts ; car les libertés qu'ils possèdent aujour-
d'hui, les Canadiens français les ont arrachées, une à
une et par lambeaux, à l'Angleterre.

Là encore, il faudrait s'attarder pour noter au moins
les phases de cette lutte tenace, de cette persécution
tracassière qui comptait lasser la patience et l'énergie
des catholiques.

L'Angleterre a essayé de mettre la main sur l'outil de
résistance, tantôt en revendiquant la nomination des
évêques pour atteindre l'organisme paroissial ; tantôt en
réclamant l'inamovibilité des curés pour contrecarrer
l'administration épiscopale.

Pendant longtemps, elle n'a voulu voir dans l'attache-
ment des habitants à leurs traditions, à leur langue, à
leur foi, qu'une attitude d'opposition au Gouvernement
et elle a tenté de les réduire en les décourageant.

On en voulait à leur liberté religieuse, et on leur contestait les libertés civiles.

On leur imposait les charges des sujets britanniques, sans leur en accorder les droits.

Pour les tenir à l'écart des emplois publics, on exigea, pendant quinze ans, le serment du *Test* qui implique une apostasie.

On prétendit assurer aux protestants la majorité dans les Conseils, les Assemblées, les Tribunaux, alors qu'ils n'étaient encore que quelques centaines en face de 70.000 catholiques.

Plus tard, on introduisit en nombre dans la province de Québec, en leur offrant des concessions de terrain, les colons américains loyalistes et puritains qui émigraient au Canada, après la guerre d'indépendance.

Et cependant les catholiques canadiens avaient fait preuve, eux aussi, au cours de cette insurrection américaine, d'un loyalisme méritoire. Ils l'ont maintenu depuis, toutes les fois que l'Angleterre s'est trouvée aux prises avec des difficultés extérieures qui mettaient en cause l'existence de la colonie, en 1812, en 1837, en 1866, comme les Irlandais en 1914. C'eût été justice de leur en savoir gré ; car on peut dire que, si l'Angleterre n'a pas perdu le Canada, c'est à eux qu'elle le doit.

Il y avait bien, dans ces passes critiques, des accalmies, des promesses, une détente momentanée. Mais, après, on oubliait les engagements pris ; on cherchait des prétextes pour les éluder, pour les tourner : ce n'était pas la paix.

On s'y achemina, par étapes, lentement, avec des arrêts, des reculs, des remous de tolérance et d'hostilité, et ce n'est guère que vers le milieu du siècle dernier, que l'apaisement s'est fait, dans un régime de justice et de liberté.

Il a fallu un siècle de luttes et de souffrances pour y arriver.

Tant que la province de Québec eut une administration séparée, avec une majorité de population française, on lui refusa toute concession ; mais, à partir de 1840, quand l'union forcée du Haut et du Bas-Canada (1) déplaça la majorité au profit des protestants, le gouvernement se montra plus conciliant ; et, peu à peu, il finit

---

(1) Le Pacte fédératif de 1840, voté sans leur consentement, était au détriment des Canadiens français ; il leur imposait la langue anglaise dans les actes officiels et il les obligeait à prendre leur part de la lourde dette qui grevait le budget du Haut-Canada, alors que leurs finances étaient en pleine prospérité.

par se convaincre que la seule politique raisonnable,
c'était de faire confiance à ces Français catholiques et de
se les attacher résolument, puisqu'ils ne demandaient
qu'à jouir loyalement, en territoire britannique, des droits
et des privilèges des sujets britanniques.

Aujourd'hui, la preuve est faite. Le cœur des Canadiens
est toujours à la France, mais ils se sont adaptés au
régime libéral qu'ils doivent à l'énergie et à la ténacité de
leurs pères.

L'Angleterre, à son tour, fait acte de loyalisme : elle
leur assure, dans un sentiment de large tolérance, avec
les franchises administratives des Dominions qui équiva-
lent à peu près à l'autonomie, une liberté religieuse, que
nous, catholiques de France, nous pouvons leur envier.

Quand le lieutenant-gouverneur, à Québec, fit à la Mission française cette déclaration que d'aucuns avaient pu
trouver excessive : « *C'est votre clergé, Messieurs, qui a
fait ce peuple !* » il n'exagérait rien ; il résumait un siècle
et demi d'histoire.

Tout ce que j'ai entendu, tout ce que j'ai pu voir, tous
les échos qui me sont revenus de là-bas confirment ce
témoignage ; et leur concordance est impressionnante :
« Oui, la paroisse a fait le Canada et elle l'a conservé. »
— « Pas de doute que la paroisse ait sauvé la race. » —
« Elle a déjoué tous les assauts de la politique. » — « Elle
nous a faits ce que nous sommes. » — « Elle a été une
force de conservation nationale, sociale et religieuse. »
— « Elle a maintenu l'unité de vues et de croyances. » —
« Elle a groupé toutes les énergies. » — « Elle a assuré
l'intégrité et l'expansion de la race, sa cohésion et sa vitalité. » — « Elle a été le rempart de la foi, de la langue et
des traditions, » — « la pierre angulaire de l'édifice natio-
nal, » — « l'arche du salut pour l'âme canadienne. » —
« Nos vieilles paroisses ont été, aux mauvais jours, de
véritables citadelles contre les assauts du dehors et du
dedans. » — « Si le Canada a pu survivre à ses épreuves,
c'est parce que l'Eglise ne l'a jamais abandonné et qu'il
s'est toujours fié à l'Eglise. » — « Vous voulez savoir ce
qu'ont fait nos curés pour la race ? Mais que serait devenu
le peuple canadien sans le dévouement héroïque de ses
prêtres ? Selon tous les calculs humains, il devait périr. »
— « Tout chez nous se rattache à la paroisse et part de la
paroisse. Sans elle, on peut dire que rien ne réussit ; avec
elle, tout marche à merveille. »

*
* *

Comment est constitué, comment fonctionne la paroisse canadienne ?

Selon les règles du Droit canonique, assurément, comme partout ; mais pourtant, avec des particularités ou plutôt avec une plénitude de réalisation et dans des conditions de liberté qui lui donnent une physionomie très spéciale qu'elle n'a, au même degré, nulle part ailleurs.

Quand l'évêque a érigé une paroisse, le Gouvernement la reconnaît et la dote d'une double municipalité pour les fins civiles et scolaires.

En sorte que, sur le même territoire et pour la même agglomération d'habitants, il y a trois administrations juxtaposées, indépendantes les unes des autres : la paroisse, au sens strict du mot, la municipalité civile dont les attributions sont très étendues et la municipalité scolaire.

La paroisse est administrée, au point de vue religieux, pour le spirituel, par le curé ; au temporel, par le Conseil de fabrique composé du curé, président toujours, et des marguilliers élus par les paroissiens, c'est-à-dire par les catholiques ; — au point de vue civil, par le Conseil des échevins, élu par tous les électeurs, et qui nomme lui-même son président, le maire (1) ; — au point de vue scolaire, par le Comité des commissaires d'école élu par les pères de famille.

Et ces trois organismes forment chacun une corporation légale, qui a personnalité juridique et capacité de posséder.

On peut donc dire que « la paroisse », puisque dans le langage courant ce terme englobe tout, est bâtie sur trois corporations distinctes et parallèles, dont les attributions et les pouvoirs sont parfaitement définis : la corporation religieuse, qui comprend tous les catholiques ; la corporation civile qui comprend tout le monde ; la corporation scolaire, qui, du moins dans la province de Québec, se dédouble là où il y a des catholiques et des protestants. Il est regrettable que cette la large tolérance soit refusée,

____

(1) Les municipalités des cités et des villes sont régies par une charte spéciale.

dans certaines provinces protestantes, aux minorités catholiques (1).

Je n'insiste pas sur le fonctionnement des municipalités civiles et scolaires ; mais je veux au moins souligner cette conception sage de l'administration locale, cette large décentralisation qui laisse l'initiative et les responsabilités, sur place, aux intéressés ; tandis que chez nous, où l'on parle sans cesse de démocratie et de liberté, le pouvoir central congestionné absorbe tout : il veut tout voir, tout faire, tout contrôler, comme s'il avait une défiance innée de la liberté. Nos municipalités, véritables juges des besoins immédiats des communes, sont en tutelle et l'école « annexe essentielle de la paroisse et de la famille » est gouvernée, de loin et dans le détail, par l'Etat, sans que les conseillers naturels, les plus aptes et les mieux placés, aient un mot à dire, pas même les parents des enfants.

Le gouvernement n'intervient pas dans les affaires de la paroisse canadienne, sinon pour la protéger dans la paisible jouissance de sa liberté. L'Etat reconnaît le droit qu'a l'Eglise de s'administrer elle-même. La fabrique ne relève que de l'évêque. Elle jouit, elle aussi, de la personnalité civile ; elle a qualité pour représenter la paroisse et en gérer les intérêts — il y a toute une législation fabricienne, — mais c'est la corporation paroissiale qui possède. L'église, le presbytère, le cimetière, la salle d'œuvres, sont exempts d'impôt, sauf parfois dans les villes.

C'est le curé qui est toujours chargé des actes de l'état civil, en ce sens que ce sont les registres paroissiaux qui font foi pour les fins civiles ; et, jusqu'à hier, les catholiques ne pouvaient se marier que devant leur propre curé ; mais, récemment, le Conseil privé d'Angleterre a décrété que tout ministre du culte, catholique ou protestant, peut marier tous ceux qui se présentent à lui, qu'ils soient catholiques ou protestants (2).

Les ressources de la fabrique proviennent, comme partout, du loyer des bancs beaucoup plus élevé que chez

(1) Dans l'Ontario, par exemple, et ailleurs encore, la question scolaire provoque des conflits aigus. Les Canadiens de langue française se heurtent à des restrictions intolérables. L'élément protestant, qui a la majorité et qui redoute la fécondité des foyers catholiques, voudrait réduire ces minorités avant qu'elles n'aient pris leur extension.

(2) Cf. *Nouvelles religieuses*, 15 avril 1921. — Une instance a été introduite devant la Législature provinciale à l'effet d'annuler cette décision du Conseil privé.

nous, des quêtes, des oblations pour service religieux et des fondations.

Quand il s'agit d'entreprises extraordinaires, d'une dépense exceptionnelle, construction, réparation d'église ou de presbytère, on convoque l'Assemblée générale des paroissiens tenant feu et lieu. Le projet une fois adopté, on élit des syndics chargés de déterminer la quote-part qui incombera à chaque propriétaire d'après l'évaluation de son avoir. Pour peu qu'elle soit lourde, cette imposition est répartie sur dix, quinze ou vingt ans. On procède alors à un emprunt garanti par ces annuités qui ont sanction légale, avec privilège de première hypothèque.

Les Canadiens ont la fierté de leurs églises, qui sont souvent remarquables ; ils ont à cœur la prospérité de leur paroisse. Il y a rivalité, émulation de clocher à clocher.

Le traitement du curé, surtout dans les paroisses rurales, est assuré par un système de redevances en nature, très rationnel, jadis en vigueur en France, introduit dans la colonie par Colbert, en 1663, dont on garde mauvais souvenir dans nos campagnes, mais dont personne ne se plaint là-bas, la dîme ! une dîme fortement mitigée, puisqu'elle ne porte que sur les grains récoltés en plein champ et, non pour un dixième, mais seulement pour un vingt-sixième (1).

La dîme a aussi une sanction légale. Elle n'est due que par les catholiques ; mais un catholique qui cesse de pratiquer, qui se pose en dissident, doit avertir le curé par écrit pour être libéré de son obligation. Elle n'est pas exigée des pauvres. Ceux qui ne cultivent pas la terre, les artisans, les rentiers, les ouvriers, les citadins, sont astreints à une contribution en argent qu'on appelle « capitation ».

Tel est ce qu'on peut appeler le corps de la paroisse canadienne : que vaut son âme aujourd'hui ? Les temps sont changés, l'apaisement s'est fait, la communauté paroissiale, qui avait puisé dans la lutte une vitalité merveilleuse, l'a-t-elle conservée ?

Il semble que oui.

A Québec, le vénérable archevêque, le cardinal Bégin, qui revenait de ses tournées pastorales, nous a dit qu'il eu

---

(1) Quand cette dîme est insuffisante, dans les paroisses récemment fondées, on y ajoute, sous le nom de « supplément », une faible imposition portant « sur le foin, les patates, le bois, etc. »

rapportait les impressions les plus consolantes, puisque, dans les populations rurales qu'il avait visitées, on comptait sur les doigts, non pas les hommes qui ne font pas leurs Pâques, mais ceux qui ne communient pas plusieurs fois dans l'année.

De tous côtés, dans cette belle province de Québec, on m'affirme que la foi, dans les campagnes, se maintient et que la population reste, d'esprit et de mœurs, foncièrement chrétienne.

Les catholiques canadiens n'ont rien oublié ; ils savent ce qu'ils doivent à leurs traditions, à leurs coutumes : ils les gardent.

Le curé, par son caractère et par sa position, président du Conseil de fabrique, membre presque toujours de la Commission scolaire (1), est encore le personnage le plus influent, le plus écouté du pays. Il se tient sagement à l'écart des discussions politiques, pour ne pas gêner ni compromettre sa mission spirituelle ; mais son action morale, qu'aucune loi restrictive n'entrave, s'exerce sur tous les autres terrains.

Il inspecte les écoles tous les mois. Il fait chaque année la visite officielle de tous les foyers, accompagné du marguillier en charge.

Vrai pasteur du bercail, en contact perpétuel avec ses gens, accessible à tous, il ajoute, avec une sollicitude paternelle, aux préoccupations de son ministère, le souci de leurs intérêts matériels.

Les paroissiens, dispersés sur leurs terres, habitent parfois loin de l'église, à 12, 15 kilomètres, — car on a eu soin de ne pas multiplier les lieux de culte afin de conserver à la paroisse sa cohésion — et l'assistance à la messe est méritoire : on y vient sans ménager sa peine (2) ; on s'entasse dans des voitures, des carrioles, maintenant des autos, et on arrive, à jeun souvent, pour communier.

Isolées dans leurs fermes, les familles sont heureuses de retrouver, le dimanche, les parents et les amis. Le curé, au prône, met tout son monde au courant des affaires de la paroisse et, à la sortie de la messe, l'été en plein air, l'hiver dans la grande salle de réunion, on reprend contact les uns avec les autres ; on cause, on se renseigne

---

(1) Il fait encore partie, de droit, du tribunal civil de conciliation où aboutissent toutes les contestations qui ne dépassent pas 125 francs. (*Revue canadienne*, 1921. p 523)

(2) Le dimanche, ceux qui vont à la messe et qui en reviennent, son exemptés des taxes de péage pour les ponts.

sur les faits de la semaine ; on discute les questions municipales ; on s'entend pour venir en aide à ceux que le malheur ou un mécompte a mis dans l'embarras ; car, tout se tient, et l'esprit paroissial implique l'assistance mutuelle ; on n'oublie pas que le second commandement est rivé au premier et que, pour aimer Dieu vraiment, il faut aimer son prochain ; on est serviable, on fraternise ; on prend part aux peines et aux joies des voisins et l'on se donne volontiers, entre soi — ils disent comme chez nous — « un coup de main ».

On a le sens des choses religieuses : on ne connaît ni ces retards déplorables pour le baptême des petits enfants ni cette appréhension, pire encore, à cause des conséquences, de l'extrême-onction pour les malades.

On dit la prière du soir en commun ; on récite l'*Angelus* au son de la cloche, en se tournant vers l'église. Quand une équipe de défricheurs s'attaque à la forêt pour créer une ferme, pour « faire de la terre », on élague d'abord sur le front, le plus bel arbre qu'on laisse debout ; on attache en travers une grosse branche et l'on travaille à l'ombre de la croix.

C'est toute la vie qui est ainsi imprégnée de christianisme.

Il y a d'autres signes de la vitalité chrétienne d'un peuple que sa fidélité aux pratiques cultuelles : les mœurs domestiques et les mœurs publiques.

On connaît l'arbre à ses fruits : qu'il en donne d'abord, et qu'ils soient sains !

La superbe fécondité de la famille canadienne atteste sa belle santé morale. Et cela ne tient pas uniquement, comme on a voulu le dire, aux conditions matérielles, aux facilités plus grandes de la vie agricole : cela tient surtout aux principes de la vie chrétienne.

L'Angleterre avait conçu ce plan, d'arriver à dominer par le nombre l'élément français ; elle a attiré et installé, sur les mêmes terres et dans les mêmes conditions, des colons protestants : les résultats ont prouvé que le problème est d'ordre religieux et qu'il faut, pour le résoudre, non pas tant un certain état de choses qu'un certain état d'âme.

Les chiffres ici ont leur éloquence : les 60.000 Canadiens de 1760 sont aujourd'hui plus de 3 millions ; c'est-à-dire que la population double en moins de trente ans.

Quel contraste avec nos tristes statistiques de natalité qui accusent une régression ! Plus de cercueils que de berceaux ! Le déficit annuel, avant la guerre, descendait à 51.000 (1) ; avec 1.800.000 foyers sans enfant et 3.011.000 où il n'y en avait qu'un !

Et pourtant, c'est le même sang ; mais, au Canada, le sang de France ne s'est pas appauvri, parce que précisément ni la foi ni les mœurs n'ont dégénéré.

Ils ont entretenu jalousement les saines énergies de la race, les croyances et les traditions d'autrefois que la Révolution et la politique qui en est sortie ont gaspillées chez-nous.

Les familles de 8, 10, 12, enfants sont nombreuses. Il y a quelques années, pour donner une impulsion à la colonisation, le gouvernement de Québec offrit des concessions de terrain aux familles de 12 enfants vivants : de 1890 à 1904, 3.400 s'étaient déjà présentées et il fallut s'arrêter parce que la prime devenait trop onéreuse.

J'ai sous les yeux les noms et les adresses de belles familles canadiennes : de Joliette, avec 13 et 15 enfants ; de Québec, dans une même paroisse, quinze de 12, 14, 16 et 19 enfants ; de Montréal, pour une seule paroisse, en pleine ville et dans la classe ouvrière, seize de 8 enfants, douze de 9, onze de 10, cinq de 11, trois de 12, une de 15 et une de 17 : journaliers, ouvriers d'usines, plombiers, tailleurs de pierres, menuisiers, etc.

Et l'on ajoute qu'on a écrit de mémoire les noms qui venaient sous la plume ; que ces listes sont loin d'être complètes ; qu'on pourrait les allonger sans sortir de la paroisse et que c'est pareil ailleurs.

On m'a signalé, au diocèse de Trois-Rivières, une famille qui avait élevé 31 enfants.

Le grand-père du cardinal Bégin, archevêque de Québec, comptait à sa mort 324 descendants directs.

M⁸ʳ Roy, le coadjuteur, que j'avais, il y a quelques semaines, la joie d'accueillir à Dijon, m'a parlé de sa vénérable mère qui a quatre-vingt-treize ans et qui a donné à son pays et à l'Eglise, 1 évêque, 4 prêtres et 3 religieuses, sur 21 enfants.

A l'évêché voisin, Trois-Rivières, M⁸ʳ Cloutier a eu 3 frères prêtres et 8 sœurs religieuses, sur 14.

La vocation, dans ces paroisses fécondes, ne se heurte pas à la question égoïste du fils unique, qui en arrête tant chez-nous.

(1) Statistiques officielles de 1912.

Dans une paroisse du diocèse de Montréal, l'archevêque, en tournée pastorale, à l'église où toute la population
était rassemblée, voulut se rendre compte : « Que tous
les pères de familles qui ont au moins un fils prêtre se
lèvent, » dit-il. Pas un ne demeura assis (1).

On se demande comment les parents arrivent à caser
dans la vie tous ces enfants et ce que devient le patri-
moine au bout de quelques générations.

La liberté de tester est absolue. On en use avec sagesse ;
car on a l'esprit de famille, comme on a l'esprit paroissial.
A défaut de testament, c'est le partage égal.

On s'entend, on s'arrange. On tient compte des avan-
tages faits à l'un ou l'autre des enfants. Celui qui défri-
che pour s'établir et qu'on a aidé ; ceux qui prennent un
métier et dont on a payé l'apprentissage ; ceux qui se
destinent aux carrières libérales et à qui on a fait faire
des études, sont considérés comme ayant reçu leur part.
Les autres ont des compensations en argent. Les filles ne
sont pas dotées ; elles n'emportent qu'un trousseau. On
estime qu'un jeune homme qui se marie doit être capa-
ble de faire vivre sa femme.

Le père laisse le domaine à celui de ses fils qu'il estime
le plus apte à maintenir « la maison » ; et ce n'est pas né-
cessairement l'aîné ; souvent, c'est le plus jeune qui garde
alors les vieux parents.

Ce système a donné d'excellents résultats. Aux fêtes du
3e centenaire de la fondation de Québec, on a voulu glo-
rifier les vieilles familles rurales, fixées au sol, qui
n'avaient pas bougé depuis plus de deux siècles ; il s'en
trouva 273 tout de suite qui purent faire cette preuve de
stabilité sur la terre défrichée par l'aïeul : vraie noblesse
terrienne qui a créé la nation canadienne (2). Beaucoup
d'autres se sont révélées depuis ; et, en 1916, on en comptait 1.400 (3).

*
* *

Quand les consciences se règlent une par une sur les
commandements de Dieu, quand la religion est à la
base des lois, des institutions, des mœurs, quand tous

(1) *Semaine religieuse* de Montréal, 1908.
(2) Cf. *Livre d'Or de la noblesse rurale, au Canada français.*
(3) Cf. *Revue canadienne,* 1921, p. 416.

les citoyens sont chrétiens sérieusement, l'ordre public est assuré : il n'est besoin ni de gendarmes ni de prisons.

En fait, au Canada, dans les campagnes, il n'y a pas de police, pas même de garde-champêtre. Dans les petites villes, souvent un seul agent suffit et ses fonctions sont multiples.

Quant aux prisons, en dehors des grands centres, on peut dire, sans généraliser, qu'elles sont à peu près vides.

En 1920, un rapport déclare que les prisons de Rimouski, de Roberval et de Chicoutimi le sont tout à fait (1).

On me cite une ville de 75.000 âmes où il n'y a jamais plus de deux ou trois détenus. Dans bien des districts ruraux, il faudrait remonter à plus d'un demi-siècle pour trouver « un habitant » inculpé de meutre.

Il y a des régions, même industrielles, qui n'ont pas de cabarets (2).

Ces dernières années, alors que l'effervescence des grèves agitait les Etats-Unis et le reste du Dominion, la province de Québec est restée indemne et la presse protestante de l'Ontario souligna cette préservation très significative qu'on ne peut attribuer qu'à l'esprit chrétien de cette population solidement assise dans l'ordre, grâce à sa puissante organisaition paroissiale (3).

Au mois de septembre dernier, le Congrès de la Fédération des travailleurs catholiques révéla la puissance et les progrès du syndicalisme chrétien au Canada, qui groupe actuellement 50.000 membres et dont le président a été délégué par le Gouvernement à la Commission du travail de la Société des Nations (4).

Ils ont d'autres associations professionnelles, actives et militantes, entre autres, celle des voyageurs de commerce qui font tourner à l'apostolat leurs relations, leurs déplacements, leur contact perpétuel avec le public, en chemin de fer et dans les hôtels.

---

(1) Cf. *Revue canadienne*, 1921, p. 90.

(2) On n'en compte pas un seul dans le diocèse de Rimouski ; et il est vraisemblable que d'autres diocèses ont le même privilège.

(3) « En ces jours de malaise et d'incertitudes, la Province de Québec occupe une position spéciale. Chez le Canadien français, l'agitateur socialiste est tenu en échec par l'Eglise catholique. Le curé de la paroisse ne lui permet pas de s'interposer entre lui et ses paroissiens. Les prêtres sont des arbitres justes et éclairés ; ils règlent chaque année des centaines de conflits qui, en d'autres provinces, deviendraient des grèves générales.. » Cf. *Mail and Empire*, de Toronto, cité par les *Nouvelles religieuses*, du 15 décembre 1920, p. 753.

(4) Cf. *Nouvelles religieuses*, 1921, p. 43.

*
* *

J'avais posé cette question : « Y a-t-il lieu de craindre que l'infiltration des idées modernes n'arrive à entamer la paroisse et la famille ? — Constate-t-on un fléchissement ? »

On y a répondu très franchement. Et je crois pouvoir faire état de ces réponses sans qu'on voie dans mes paroles le moindre sentiment de blâme ou de critique. Hélas ! nous avons, sur ce terrain, nos raisons d'être modestes et nous ne songeons pas à faire la leçon aux autres. En abordant ce sujet, « la paroisse canadienne », j'ai eu au contraire la pensée de faire connaître les mérites et les qualités de nos frères du Canada qui nous donnent de si beaux exemples ; car je ne sais s'il existe, sur la terre, en ce moment, un autre peuple qui réalise dans la même mesure, dans les mêmes conditions de liberté, dans le détail et dans l'ensemble de sa vie sociale, le type du « peuple chrétien ».

L'enquête peut se résumer ainsi : les paroisses rurales se défendent bien ; les non-pratiquants y sont « presque aussi rares que les merles blancs » : s'ils s'abstiennent, ce n'est ni par incroyance ni par impiété, mais, la plupart du temps, à la suite d'une difficulté avec le curé par amour-propre, et, un jour ou l'autre, ils reviennent ; — dans les villes, les défections réelles, les cas d'impiété sont encore peu nombreux ; on constate plutôt un certain relâchement dans les pratiques religieuses, des abstentions dont il faut chercher la cause ailleurs que dans la perte de la foi : c'est pure négligence ou bien cela tient, parmi les jeunes, à quelques écarts de conduite.

L'atmosphère d'une cité populeuse et cosmopolite, comme Montréal par exemple, qui a monté si rapidement de 400.000 habitants à plus d'un million n'est pas sans danger.

L'exemple de tous ces étrangers peu ou point religieux, le contact avec les protestants, l'action de la franc-maçonnerie, la mauvaise presse de plus en plus active, les cinémas comme partout, les attractions malsaines qui se multiplient, tout cela constitue un péril pour les nouveaux venus : dépaysés, déracinés, désorientés, submergés dans la masse, aux prises avec les difficultés de la vie, ils perdent leurs habitudes avant d'avoir pu trouver leur équilibre, avant de s'être rattachés à une paroisse...

Mais, si les campagnes ont été préservées jusqu'alors

par leur insolemet, parce qu'on vivait chez soi, entre soi, qu'arrivera-t-il demain avec le journal qui pénètre partout, avec les excès de luxe et de dépenses qui se généralisent, avec l'automobile qui bouleverse la vie paisible du foyer ? Qu'arrivera-t-il si, moins sages que leurs pères, les enfants prêtent l'oreille aux échos de la grande ville et désertent la paroisse ?

Précisément parce que les vrais colons agriculteurs ont réussi, leurs enfants plus accoutumés au bien-être appréhendent les gros travaux de la terre. Ils s'imaginent qu'à la ville l'argent sera moins dur à gagner et ils y courent.

Qu'arrivera-t-il si les évêques et les curés, qui s'en préoccupent (1) ne parviennent pas à enrayer cet exode ? Nous connaissons cette plaie des villes congestionnées au détriment des campagnes : puissent les Canadiens, par une prompte réaction, s'épargner de telles misères !

Après cette belle période de tranquille possession, il semble que les idées évoluent et que l'heure vient où les Canadiens auront à défendre leur foi, non pas, comme jadis, contre la persécution ouverte qui ravive les convictions et fouette les énergies, mais, comme ailleurs, contre l'empoisonnement lent des idées modernes, qui trouble les esprits et énerve les âmes.

J'ai entendu dire que peut-être le clergé, trop confiant, ne voyait pas le danger tel qu'il est et que trop rassuré par le passé, il risquait d'être surpris et débordé demain.

Que cette appréhension soit fondée, pour une part, c'est possible. Assurément, elle ne l'est ni partout, ni pour tous.

On constate plutôt un renouveau d'activité dans l'apostolat, d'heureuses initiatives dans le ministère pastoral, un souci de relever le niveau des études, à l'école, dans les collèges, les pensionnats ; et surtout la préoccupation de maintenir et de développer toujours aux Universités de Québec et de Montréal de puissants foyers d'enseignement supérieur.

Dans les grandes paroisses, les vicaires sont chargés plus spécialement d'un quartier ; ils connaissent les familles une par une et les suivent de très près.

Les fidèles sont groupés par catégories : hommes, femmes, jeunes gens, jeunes filles, dans des confréries où l'on vient, auxquelles on tient, et qui permettent une adaptation plus souple et plus précise de l'instruction religieuse et de la piété.

____

(1) *Lettre pastorale* du cardinal Bégin, en 1920.

On s'ingénie pour leur ménager des occasions de se rencontrer, de fraterniser dans des retraites, des pèlerinages, des fêtes corporatives, afin d'entretenir l'union et la cohésion de la communauté paroissiale.

La communion fréquente entre de plus en plus dans les habitudes et il n'est pas une municipalité qui n'ait fait publiquement sa consécration au Sacré-Cœur, comme le gouverneur de Québec l'a faite pour la province tout entière.

Il faudrait mentionner ici, parmi tant d'autres, la Société quasi séculaire de Saint-Jean-Baptiste et les Chevaliers de Colomb, qui nous ont si bien accueillis ; il faudrait rappeler, après le Congrès eucharistique de 1910, le Congrès franciscain du Tiers Ordre, en 1921, et les grandes journées jubilaires organisées par la Jeunesse catholique, au pèlerinage de Saint-Joseph, à Montréal.

Parallèlement à ces manifestations de vitalité chrétienne, un mouvement d'action sociale catholique se dessine et s'accentue de jour en jour : groupements professionnels, cercles d'études, secrétariats sociaux, conférences populaires, syndicats, unions ouvrières, semaines sociales, œuvres de presse, etc.

Dans ce bel effort apostolique, le clergé est secondé par les religieux.

Le nom des Sulpiciens est inscrit, je le répète, avec celui des Jésuites et des Récollets, au tout premier chapitre de l'histoire du Canada. Ils avaient déjà une influence considérable « du temps des Français ». D'autres sont venus depuis ; et, quand la tempête força nos congrégations religieuses à s'expatrier, celles que la Providence orienta vers la nouvelle France, eurent du moins la consolation de ne pas se sentir étrangères sur la terre d'exil.

Toutes ensemble, avec les magnifiques congrégations canadiennes, si prospères et si vivantes, elles rivalisent aujourd'hui de zèle, dans les cloîtres, dans l'enseignement, dans les œuvres de toute nature et même dans le ministère pastoral, car un grand nombre de paroisses sont confiées à des religieux, Jésuites, Sulpiciens, Dominicains, Oblats de Marie, etc., et, entre séculiers et réguliers, l'entente est cordiale.

Cette constatation est pour nous du plus haut intérêt.

Dans la crise que traverse actuellement l'Eglise de France, la détresse de tant de paroisses ne réclame-t-elle pas ce secours plus direct, sous une forme et dans des conditions que le Saint-Siège aurait à déterminer ? Car c'est au Pasteur suprême qu'il appartient d'apprécier l'opportunité de l'heure et de donner l'impulsion.

Mais ce ne serait point une nouveauté dans l'Eglise. Léon XIII le rappelait naguère en plaidant la cause des congrégations : « *Quand le petit nombre des prêtres ou le* » *besoin des temps l'exigèrent, on vit sortir des cloîtres des* » *légions d'apôtres, éminents par la sainteté et la doctrine* » *qui, apportant vaillamment leur concours aux évêques,* » *exercèrent sur la société l'action la plus heureuse, en* » *apaisant les désordres, en étouffant les haines, en rame-* » *nant les peuples au sentiment du devoir et en remettant* » *en honneur les principes de la religion et de la civilisation* » *chrétiennes* (1). »

Ces temps malheureux semblent bien revenus pour la France. La situation des campagnes est déjà lamentable dans un très grand nombre de diocèses. Que sera-ce dans dix ans, dans quinze ans ? Les villes ont toujours été privilégiées à ce point de vue ; les premiers apôtres allaient de ville en ville et y fondaient des chrétientés ; les villes ne seront jamais sans prêtres. Mais c'est par centaines et par milliers que se chiffrent aujourd'hui les petites paroisses isolées qui n'ont plus de messe que de loin en loin et qui sont moralement abandonnées. Et l'on comprend alors comment ce mot *pagani* qui veut dire « habitants des villages » a pu dévier jadis de son sens primitif et désigner les païens ; c'est parce que, en fait et sans qu'il y ait de leur faute, les populations rurales, sorties du paganisme après les autres, y retombent fatalement, aux mauvais jours, avant les autres.

D'où vient ce pénible contraste entre la paroisse canadienne en pleine prospérité et nos paroisses françaises si douloureusement éprouvées ?

Des deux côtés, on a souffert ; il y a eu luttes et persécutions ; mais pas de la même façon.

Au Canada, les catholiques ont été attaqués du dehors, dans leurs croyances et dans leurs traditions. On s'en prenait en même temps à leur foi et à leur langue, pour réduire la race. C'était la guerre déclarée, aux frontières, la guerre qui mobilise tout un peuple, qui fait l'accord de

---

(1) Lettre au cardinal Richard, 23 décembre 1900. (Cf. *Nouvelle Revue théologique*, 1901, p. 308.)

tous les partis s'il y en a, qui resserre l'union et concentre les forces autour du drapeau.

Chez nous, celui qui sème l'ivraie, la nuit, pendant que l'on dort, celui que l'Evangile appelle l'*inimicus homo*, l'ennemi, s'y est pris autrement : ce fut une infiltration sourde des mauvaises doctrines qui empoisonna lentement l'organisme ; ce fut l'action sournoise de la franc-maçonnerie qui suscita partout, avec les discordes, les divisions et désagrégea l'édifice par le dedans ; ce fut l'attaque oblique du laïcisme par voie d'encerclement, le blocus qui paralyse et qui épuise.

Sans doute, on s'est défendu, on a réagi ; il y a, en France, des familles préservées, nos réserves pour demain, des éléments précieux de régénération, des ressources incomparables : nos élites catholiques sont classées, par des juges autorisés qui ne sont pas de chez nous, au premier rang parmi les meilleures; mais il leurs manque d'être groupées, organisées dans le cadre normal de l'Eglise, la paroisse.

Et alors quelle belle leçon nous donne le Canada, quel encouragement aussi ! Car, on ne peut plus nous accuser de prôner des méthodes qui ne sont pas de notre temps quand nous parlons de reconstituer la paroisse pour relever plus vite et plus sûrement nos ruines morales et religieuses : la paroisse canadienne n'est pas une conception d'un autre âge ; elle est là, vivante sous nos yeux, dans le pays du monde qui a le plus d'affinité avec le nôtre, la Nouvelle France, l'autre France, qui a puisé sa foi à la même source que nous, au Baptistère de Reims et qui compte, du ve au xviiie, douze siècles d'histoire qui lui sont communs avec nous ; elle a fait ses preuves, avec un peuple de notre sang, d'une magnifique énergie, qui a su garder les qualités foncières de notre race, qui ne s'est pas laissé déformer, un peuple d'avenir, sain, vigoureux, dont la structure se décompose ainsi : *la famille, la religion, la paroisse!* la religion, pierre angulaire des foyers ; la paroisse, armature de la religion !

Ne croyez pas, mes Frères, qu'en vous parlant si longuement de la paroisse canadienne, je n'aie songé qu'à satisfaire un sentiment personnel de gratitude pour l'accueil qui a été fait, au pays de Champlain et de Montcalm, à la Mission française.

Ne croyez pas que j'aie envisagé seulement, comme on aurait pu le faire dans une simple conférence, l'intérêt incontestable qu'offre à des cœurs français l'évocation de pareils souvenirs de famille.

Ne croyez pas que mon ambition se tienne pour satisfaite si j'ai pu, comme je l'espère, raviver vos sympathies pour nos amis les Canadiens.

J'ai eu surtout en vue, dans cette Pastorale qui s'adresse a vous, l'Eglise de Dijon dont j'ai la charge, le bercail qui m'est confié.

J'ai pensé que, mieux encore que des exhortations et des raisonnements, ce tableau d'une vie paroissiale florissante vous suggérerait des réflexions pratiques et les résolutions opportunes.

J'ai pensé qu'à vous dire, tout simplement, ce que sont ces chrétiens de race française et ce qu'ils font, vous vous rendriez mieux compte de ce que nous devons être et de ce que nous devons faire ; et j'ai la confiance que cette leçon de choses sera comprise et portera ses fruits.

Union Typographique - Domois par Ouges (Côte-d'Or). — 1926.